Nuria Ruiz de Viñaspre

Todo este espacio

Fotografía: Archivo de la autora

Nuria Ruiz de Viñaspre

Todo este espacio

XX PREMIO DE POESÍA
JOSÉ DE ESPRONCEDA
CIUDAD DE ALMENDRALEJO

algaida

Un jurado compuesto por José Antonio Zam-
brano, Ada Salas, Ben Clark, Manuel García
García e Irene Sánchez Carrón concedió al
poemario *Todo este espacio*, de Nuria Ruiz de
Viñaspre, el XX Premio de Poesía José de Es-
pronceda Ciudad de Almendralejo.

© Nuria Ruiz de Viñaspre, 2024
© Algaida Editores, 2024
Avda. San Francisco Javier 22
41018 Sevilla
Teléfono 95 465 23 11. Telefax 95 465 62 54
ISBN: 978-84-9189-945-7
Depósito legal: SE. 2.134-2024
Impreso en España - Printed in Spain

PAPEL DE FIBRA
CERTIFICADA

La yerba tan erizada y robusta como cebollinos,
y yo preguntándome cuándo se rompería el suelo,
y yo preguntándome cómo sobrevive algo frágil.

Anne Sexton

1

Con la cabeza inclinada noventa grados
un olmo se asienta sobre la tierra frágil
guarda los años frágiles en su fuerte copa
la materia aérea en sus grietas
en la raíz la cosecha
quiere hacer un gran barco vulnerable
con ramitas frágiles y papel maché
las palabras caen a tierra
y el peso de una sílaba
le devuelve el mismo peso inacabado

tras la cordillera trágica de mis ojos
veo al árbol *desempujar* la rama
desempaquetar su copa
la sombra de su zapato está vacía
y ahora es síndrome frágil
de su propia montaña mágica

una brújula me indica el camino a los bosques
solo en las sendas se piensan cosas puras.

2

Tobillo de ciprés o pata de caballo
aceptados y aceptantes pisando el suelo ácido
sus verdecidas venas son raíles que nos llevan a las
    grietas
y los vientos ríos
que nos miran con asombro
he de pasar deprisa de una luz a otra
de un país a otro
de un ciprés a otro
los pensamientos son luciérnagas
sin atención no existen.

3

De la nube cae una grieta
que abre a su vez otra grieta
sobre la cabeza el árbol
y la grieta dando paso a otra grieta
el azar se resquebraja
clava sus uñas
sobre la cabeza el árbol

no estábamos allí
y aunque lo frágil sea espacio
en el que nada muere
vimos lo que no vimos
un lenguaje invisible donde la lengua cede
dando paso las piedras a otras piedras

quizá todo sea este espacio
quizá todo este espacio de nubes
grietas y piedras en fricción
sean el canto de la evanescencia

las frases de la naturaleza purgan los
frágiles sentidos.

4

El tiempo es una secuoya sin bosque
el silencio erguido de una piedra sin estrías
un ~~No~~ puede hablar
sin separar el ~~No~~ del Sí
    hay que darle sentido a la secuoya
    darle espacio
tanto como luz que se suicida
entre el hoy y el mediodía
entre el ocaso y su quizá
la secuoya dice luz
porque quien dice sombra dice la verdad

¿la verdad?

5

Qué somos
nubes sin cielo que descienden
a un mundo sin abajos
sombras sin arces que la carne no
puede soportar
la más frágil caña de la naturaleza
que se doblega a la acción
alas sin pájaros sobrevuelan
esta ciudad de murmuraciones

adoradores del dólar
concebimos el mundo como un lugar de negocios
no es útil el hombre que pasea el bosque
pero sí las manos que lo talan hasta dejarlo calvo

asistamos al funeral de la humanidad
—ataúd donde la superficie del pino se junta con tu
    superficie—
envidiemos a esa pareja de aves martillo
que en lugar de destruir nidos
los construye

el orden se restablecerá
cuando sol y girasol se fundan en el pan dorado.

Nada que hayamos de percibir en este mundo iguala la fuerza de tu intensa fragilidad.

E.E. Cummings

6

Lo frágil en el alma
sobre la cabeza el árbol
en la tierra
el aferrado grillo
en el ave el lavado vuelo
todo es luz filtrada
por donde el bosque habla

hay que abrirse para ver al árbol
borrarse para dejar paso al lenguaje
unboxing de la incertidumbre.

7

La existencia humana
—esa forma poética desgastada—
tan frágil como el papel de liar cigarrillos
como el hilo de un sol pretérito
o una paloma tísica en la plaza del Vaticano
como el finísimo recuerdo del padre
el de la madre con sus manos cepillando mis ideas
la fiebre del planeta escupe cuerpos
vapuleados por vendavales
somos el bambú doblado
la caricia en un sexo
la lluvia fina que contra un cristal al infinito
tintinea en el centro de esta ciudad eléctrica
allí donde la poesía importa.

Oh poema, perseguidor vano del azul
del azul que se escapa de mis manos.

Leopoldo María Panero

8

Bajo una luna azul como verde es la manzana
bajo esa luna por los suelos
te miro a ti y a mí bajo un siglo que protege
es verdad que en los polos las casas se derrumban
que las danas y huracanes son los nuevos dioses
de esta sucesión de ruinas
pero te miro a ti
y a mí
bajo el azul cobalto
y veo en la palma de tu mano
lo que no se ve
una luz que incide
el azul que supervive en el centro de la ruina
hay un mundo nuevo en cada grano de arena
la mañana que te fuiste más lejos de lo lejos
flotó una luna azul como verde es la manzana
los objetos de la casa serán sucesos a tu vuelta.

9

¿Cómo detectar el aleteo del colibrí
en el centro del huracán
cuando el colibrí es el eje?
por cada tres mil aleteos
nosotros damos un paso
en falso
cien días mirando el líquido azul
¡qué sólido parece el vivir
de tan frágil que es nuestra fortaleza!
sumidos en pensamientos
las golondrinas se desorientan
entre nuestras afiladas rocas
habrá que retroceder las horas
buscar la oscuridad en el tenue amanecer
enfrentar los bordes del lenguaje
las palabras con las antipalabras
habrá que arrastrar el irredimible tiempo
contra las piedras
habrá que después buscarlo
darle luz
no sirve dejarlo quieto
el daño disuelve al colibrí
habrá que esperar que el aire vuelva al ave
y nosotros a la cueva
allí donde enterramos
latido y corazón
grieta por donde lijar la naturaleza
y su intento fallido de mostrarnos
ese vuelo que no vemos.

Oí decir que hay
en el agua una piedra y un círculo
y sobre el agua una palabra
que en torno a la piedra el círculo tiende.

Paul Celan

10

Dentro de mi cuerpo hay otro cuerpo oculto
uno es la piedra lanzada como ancla
la que se demora en llegar al pozo
un delirio que cabalga decapitando tulipanes
el otro es el reverso del cuerpo primero
tulipán que cabalga decapitando delirios
y consigue llegar al fondo
frágiles y enfurecidos como la evolución
ven el contraluz en la claraboya del cielo
no hay contradicción

los opuestos son iguales / *selaugi* nos *sotseupo* sol.

11

Cosas invisibles están pasando hoy
están ahí
existen porque no las veo
van hacia otra luz donde nada tiene fin
el conejo regresa a su chistera
y la hora pasada regresa al inicio
todo parece depender de la transparencia
de lo que resiste en la fragilidad del junco
como el latido del corazón
tan débil tan fuerte
hilillo de vida que desaparece
cuando habla palabras y reaparece
como el muerto de una nueva vida.

*El bosque verdadero se compone
de los árboles que no veo.*

José Ortega y Gasset

12

No desees ser el pájaro que vuela
en círculos en torno a la presa
ya que desconoce el interior del bosque
tampoco desees ser bosque
pues este ignora cuándo entra el pájaro en su niebla
solo el ser humano con todos sus atributos
tiene la capacidad de ser profundamente pájaro
profundamente bosque
aún así la paradoja está servida
el hombre no sabe que lo sabe
sus grises ojos son humanos
tendría que huir el ojo del soplo de lo humano
pasar entre las formas
y entrar en el bosque en busca del pájaro.

13

Bajo una mecida parra sucede la vida
junto a la parra se mueve la higuera
todo nacido de un mismo viento
pero ¿nos mueve ese viento?
subidos en cuerpos que son taxis
nos atravesamos sin ver higuera y parra
¡a qué precio pagamos la veloz carrera!

un llanto de cigarras
que no se ve se oye
porque el oído
lo crea
pero ¿existe el oído?
si fue visto
    existe
    ¿y existe el ojo?
si se toca existe
    y la mano ¿existe?
    a la mano la crea otra mano
tocada por la anterior mano
    que tocó un ojo
    que escuchaba un oído de cigarras
en un llanto único

observado esto
higuera y parra son una
dejándote ver el sol

busca las grietas.

14

Talvez o nunca la naturaleza escriba sus memorias
y allí yazca la estafa de nuestro esmalte de uñas
aquel que andaba entre la sopa y eludía la trampa
vomitando fideos de palabras arrugadas
¿contará que las plantas nacen se reproducen y mueren?
todo se tiñe con el barro primigenio
y lo húmedo en flor
la antorcha en la montaña
y un *descanseenpaz* sobre la cabeza el árbol
nos consolarán en esa casa sin ventanas
el ángel no existe
su túnica dorada es un incendio de piedad

quien ha visto la piedra recaer sobre la piedra
sabe que sobre esa piedra
la noche no cae nunca
habrá que vislumbrar el verbo
llegar al fondo
revolver la tierra en lugar de revolver el oro

¿quién nos dijo que para crear un bosque
bastaba con salpicar de sol el lienzo?
arriesguémonos a desaparecer
en esa forma fugaz que somos.

Antaño andábamos en otras envolturas.

Ingeborg Bachmann

15

Imagínate subido en la copa de un baobab
imagina un zorro abajo en mitad del bosque
una vez en tu cabeza el zorro bórrale la piel
la feroz mirada lo pardo
quítale después las garras el rugido el hambre
borrarás su fuerza sobre tu cabeza el árbol
luego haz desaparecer al zorro de tu mente
y verás que el zorro es solo tu firme voluntad
de que sea o no zorro en tu cabeza

si girásemos la rueda
y arriba estuviera el zorro y abajo el hombre
¿borraría el zorro nuestra voluntad de ser en su mente?

16

La vida está en la superficie
pero la muerte está en su superficie
hay muerte en el suelo de la piscina
en la lona que la cubre
en el salvavidas que es colmena
con *tresmil* alas detenidas
en la tela de araña donde araña y mosca se conocen
en la anegada hormiga que se reencarnó
en un robusto pino y tras ser página fue bosque
respiramos ignorando la muerte
creíamos tenerlo pero todo nada transcurre
no vimos la puerta que llevaba al otro lado
donde una mano salvaba a las abejas.

17

Saber irse y en el sin embargo
ser igual que el árbol enraizado a tierra
acurrucado el petirrojo en mi mano
se recrea en ovillos de recuerdos
como si esa fuera una forma de crear
fronteras con mi mano
entre pájaro y yo la tarde
la bendita tarde en medio
allí donde prima lo expuesto
desnudos ambos de rutina
¿quién es ese petirrojo desmesurado
que habla con mi mano
domesticada por su vuelo?
–¿será lo excelso a mi contemplación
o mi mano que le sueña?–
se calcina en el riachuelo
el significado del petirrojo
el reflejo de su pico me dice que
la palabra es más que la suma de sus letras
tal vez no hay pájaro
ni es mi mano la que lo sostiene.

18

Deja tu ojo en la mesilla de noche
que no vea que fabricamos realidades
en el espacio perpetuo del no tiempo
si el conocimiento comienza en la visión
deja tu ojo en la silla
que no vea que toda realidad es ficción
quizá habrá un ojo todavía
que ve un seísmo haciendo el mundo añicos
y no le atraganta el desastre al entenderlo como un todo

si el lenguaje es la llave del ojo
quizá seamos una fábrica de realidades
que produce tiburones nadando en un mar de sillas

toda ficción es historia
antes muere el ojo sobre la mesilla de noche
que nuestros propios añicos
la moneda cae en la ranura del cielo
allí donde no llega el ojo
la calculadora del tiempo reinicia
todas las cosas son números.

Who breaks a butterfly on a wheel?

Alexander Pope

Una oreja plegada dobla el pasadizo
del arte y la razón
la mariposa metálica de la locura
sin miedo de ser rueda o color o viento
aletea en el tímpano mensajes amarillos
nadie da crédito a la melancolía del artista
eso viene de lejos
del medianil de lo ido
sobre un lienzo que arde el artista decide no decidir
se ensimisma en girasoles de vertedero
siendo vaso comunicante con otra savia
su luz es la de un niño que regresa
a una escuela recién bombardeada
su sombra herraje articulado que gira el ocre
el óleo y plomo y vincula sensorial con lo perdido
entre fuegos incendiarios y bombas atómicas
habita el artista el lugar minúsculo
su ángulo de visión es insecticida
contra el conformismo del acomodado
¿quién somete a la mariposa en la rueda?
en la vida estrellada está el vacío
el no lugar del girasol
del.lirio a la.nada
una vida de difícil equilibrio
que se aloja en los márgenes de la cordura
arte-bisagra fuera del encuadre donde
la locura lucrando los museos.

Dos álamos vivos sostienen al árbol muerto
todos lloran en altura el ocre
los hijos del viento lloran
el lobo aúlla al ciervo
el alto viento se tumba
solo el bosque se rige por otras leyes
¡qué pensará la naturaleza cuando
al bajar la mirada nos mira!
¡calla viento!
no relates los bosques ni despiertes al cazador
que desde abajo acecha
las ciudades —dientes de hambre—
deberían ser bosques tras presentir el caos
¿quién somete al álamo en la rueda?

21

Vete pensamiento frágil
pase lo que pase el mundo ya no será el mismo
somos jilgueros de estaño con cardos en el corazón
vete pensamiento
vete de esta esfera enquistada en el aquí
ahora que no habrá miel el próximo verano
ni nadie te someterá en la rueda
no quiera yo encerrarte en una frase
ni aprender a tenerte miedo
selecciono objetos como el que decora su casa
sé que sin pensamiento
las abejas volverán a sus colmenas
y en lo hondo del jarrón
veré fertilidad en el barranco
pero ¿de qué forma está hecho el jarrón
si toda forma es un sueño fugaz?
la representación de la realidad
es más fácil de escribir
que la realidad representada.

Te supe frágil y desnudo, tan frágil eras,
tan desnudo que se quebró tu sombra al respirar.

Chantal Maillard

22

Tras romper el cielo sobre la tierra
el agua reclamó su reino
altas torres de lodo dinamitaron el planeta
sobre mi cabeza salpicada
un pulpo de cristal
metal y clavos
¿esta sucesión de ruinas
fue de verdad una ciudad?
¿podremos vivir entre esa multitud
de cosas arruinadas?
conejo y tsunami se dan la mano
en una mesa de comedor
cavan un hoyo para enterrar la tierra
mientras rescatamos cuerpos
con barro en el estómago
no es fácil rescatar el barro
¿cómo matar la memoria
para aprender a vivir?
la reescritura surgirá
de un calentamiento de nudillos.

En el centro de la casa
entre la nube y el abismo
escribo un libro vacío
todo este espacio me desplaza
y me recuerda que nada nos pertenece
que nuestros cuerpos frágiles
¡tan posibles! ¡tan imposibles!
¿cómo eran esos cuerpos antes de nacer?
mi memoria es limpia como la piedra fría
no busco encontrarme
porque encontrarse es disolverse
en el centro de la casa
entre la nube y el abismo
las noticias retransmiten un tsunami
y el aquí y ahora son el nada y el nunca
una civilización cae detrás del televisor
mientras las sirenas saltan por los aires
comienza un nuevo día.

24

Ahí va de nuevo ese helicóptero
que en cuanto dice *mundo*
el mundo se incendia
ahí va como un tábano girando
sobre mi cabeza el árbol
y la concéntrica idea a la pileta

debajo está la forma de mi cuerpo
mirando hacia otros verbos
todo arde en mi cabeza
su sonido es el zumbido de un incendio
arden las grietas de mi mente
las cigarras del oído
arde el sol el polvo en estas sienes
las aspas acuchillan el serrín
arde la aritmética del matafuegos
que despega un humo de metal y zarzas

bajo este sol de ciegos
mi mente se propaga en rojos y negros
una brizna se estremece en mi cabello
en su intento de ser brizna.

25

I

Hay ruinas en la bruma abandonada
el poema pisado escribe paseo y barro
oveja y lobo juegan bajo un cielo que traza nombres
el poema escribe *sauce* y se deshilachan sus formas sin
   volver al cuándo
el lobo es líquido la oveja sólida
el lobo escribe *oveja* mientras el bosque borra sus pieles
llegar al cuándo y reescribir al lobo sin sus fauces
escribir *flecha* y ver la trayectoria del dardo caer
como una manzana cabalgando en esa flecha
cayendo y rodando sin razón ni lógica
la física deja a Newton por los suelos
¿qué será la poesía sino el acto de pelar la manzana
dejando una sola mondadura como cáscara?
oh intuición metafísica de la nada

II

el lobo imagina la oveja como suceso
mientras una mariposa
gira alrededor de una lámpara
la mariposa cae electrocutada en el lomo del lobo
siendo su mancha otro hilo de existencia
revestida con esa armadura de luz entra
la espada entra a otro cielo

III

entra a orillas del camino
donde un sauce crece en la forma de un sauce

con las funciones de un sauce
incluso su sombra es como la sombra de un sauce
pero ¿es un sauce?
puede caerse el sauce en un bosque y no saber que ha
   caído
delante del no-sauce no se puede escribir nada
las palabras mueren como esa mariposa estampada en
   el lobo
lo que se escribe es siempre otra cosa.

Estas aves
sin sufrimientos, estas, las más ligeras, aves doradas
avanzando, dejándose llevar sobre los tejados.
Ninguna preguntando por los otras.
Sin ruego, sin nostalgia, mezclándose, separándose.
Nosotros, bajo los tejados, aferrándonos.

Hilde Domin

El vuelo de un cuervo fragmenta lo esférico
huele el fresno muerto bajo el aire sofocado
árbol que no cobija pero es visible
al lado mis ideas sin párpados lloran su apariencia
llega otro escuadrón de cuervos
es propio del cuervo oler el caído dátil
la idea muerta
todos sobrevuelan la carroña

los cuervos ríen
mientras la apariencia de idea y fresno
se desintegra

¡Nunca más!

detrás del mundo habrá otra palmera
donde brote el hueso del dátil
y nuevos cuervos merodeen en círculos su apariencia.

Hipnosis del yo a las dos de la tarde
¡qué hora frágil es las dos!
a la una la tierra tiembla
a las dos nuestra casa es añicos
y a la de tres nuestros cables mentales
se abren hacia abajo

más arriba
sobre la cabeza el árbol ¡la neurona!
impulso para no ser
un bosque en el fuego
un árbol sin vencejo
la abeja que se come en sueños al rabilargo
un algo torcido
células sin leche
esa línea que divide todo en dos
frágil número que destruye un nosotros
tantas veces dicho y que tantas veces tiembla
¿quién pilota nuestros cuerpos de carne?
un tajo se desprende en un instante
y en otro más y en otro
nuestros cuerpos son un polvorín.

28

Sentada bajo un pruno trafico con la palabra *lila*
entre cosas sin forma
desde la recién destruida tarde
desde su color ya vaciado
una fila de pinos guillotina mis ojos
corte sin vuelta y sin filo
como el deseo que apenas comienza muere
como esa nube en un té a deshoras
que en la cocina te desmaya
irremediablemente otra
té que hace vocal
o grito mudo o desgana
tal vez o nunca escriba más palabras
sin un inútil ojo que las lea
como esa carta que carece de desmayos
y con el mismo sello que se fue se recibe devuelta
trafico con otros ojos junto a estas líneas
para que lo lean todo
y vean que salir de nuestra naturaleza
significa leer en los rostros que nadie
mira a nadie de frente.

29

Toda grieta es una ventana indiscreta
por ella veo cómo era mi rostro antes de nacer
un rostro sin espuelas que escribió desastres
a miles de años luz
que escribió al muerto sin ver al muerto
al ejecutivo que se le cayó un país encima
a la madre que dio por aplastado el cochecito
¿dónde pongo a mi bebé ahora?
el ahora del bebé es el ayer de un anterior hoy
desde la ventana de mi rostro escribo al rostro del bebé
    que fui
la tierra se ralentiza la luna se aleja
—las palabras no son suficientes—
solo el camino que hay junto a las aguas
sabe lo frágil que es la realidad desplomada

desde la grieta somos polvo descendido
que después asciende.

30

Escribo como el bosque sin manos
escondiendo otras palabras debajo de las palabras
escribo *luz* y la luz abre una grieta
bajo el árbol veo un conejo con abrigo blanco
que al pisar mi tiempo se santigua
¿sabrá él que toda madriguera tiene una grieta?
¿que las palabras son como emboscadas?
si solo soy espectadora del gran espectáculo de la
    existencia
el lenguaje me marcará como la luz marca la grieta

le susurro al conejo la mundana frase

—el tiempo pasa

el conejo responde

—¿de verdad has visto al tiempo moverse para poder
    aseverar que el tiempo pasa?
el tiempo no se mueve   permanece donde está

—entonces ¿es la idea que tengo del verbo «pasar» lo
    que confunde a mi mente?

—si en un mundo que te educa para ser independiente
    vieras al tiempo pasar realmente
    verías también por qué tú y yo estamos conectados
—cuando comprendas que nada en sí mismo es nada
    aceptarás que ser y naturaleza es uno

qué frágiles son los conceptos y a la vez qué robustos
tan capaces de armonizar la distancia

entre idea y realidad
entre tú y yo

mañana otras leyes de la gravedad regirán mi mente.

Que «aquel» y «este» dejen de ser opuestos
constituye la misma esencia del Tao.
Solo esta esencia, como un eje,
es el centro del círculo que responde a los cambios sin fin.

Chuang-Tzu

Desde que descubrimos que la Tierra es redonda
y gira como una peonza loca,
comprendimos que la realidad no es lo que parece.

Carlos Rovelli

31

Pasamos por todo este espacio
bombardeando ermitas clausuradas
atravesamos el bosque pero no vemos el bosque
el panadero sigue haciendo pan sin probar el pan
no se oyen las campanas de la iglesia
nuestra mente sigue levantando la fábrica
hay que derribar las fábricas de cemento
dejarlas caer
¡vigilad las fábricas de cemento!
¡atentos al pan
a la ermita clausurada!
también tiembla de esperanza la mente abierta
para ella los *nunca* no existen
sabe que no hay noche que no conozca el amanecer
dentro de poco
al cabo de mucho
siempre
la gota de agua para el desierto
abre un campo de gozo
lo que es es
y es tan fino que afila nuestros bordes.

Para venir a gustarlo todo,
no quieras tener gusto en nada.
Para venir a poseerlo todo,
no quieras poseer algo en nada.
Para venir a serlo todo,
no quieras ser algo en nada.
Para venir a saberlo todo,
no quieras saber algo en nada.
Para venir a lo que no gustas,
has de ir por donde no gustas.
Para venir a lo que no sabes,
has de ir por donde no sabes.
Para venir a lo que no posees,
has de ir por donde no posees.
Para venir a lo que no eres,
has de ir por donde no eres.

San Juan de la Cruz

Índice

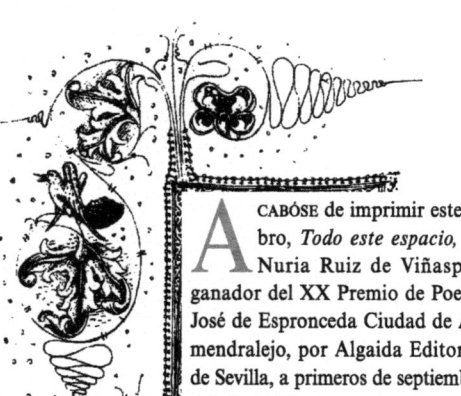

ACABÓSE de imprimir este libro, *Todo este espacio,* de Nuria Ruiz de Viñaspre, ganador del XX Premio de Poesía José de Espronceda Ciudad de Almendralejo, por Algaida Editores, de Sevilla, a primeros de septiembre del año 2024.